KATE DICAMILLO

BOBBI BOLHUIS
REDDER IN NOOD

Met tekeningen van Loes Riphagen

Vertaald door Esther Ottens

Amsterdam · Antwerpen
Em. Querido's Kinderboeken Uitgeverij
2016

Hoofdstuk 1

Meneer en mevrouw Bolhuis hebben een varken dat Bobbi heet.
Elke avond zingen ze Bobbi in slaap.
'Kijk haar eens stralen, die zon van goud,'
zingen meneer en mevrouw Bolhuis,
'Maar meer nog straalt onze schattebout.
Straks is de nacht weer diep en zwart, maar een lichtje schijnt in Bobbi's hart.'

Van dit liedje krijgt Bobbi het warm vanbinnen.
Alsof ze net geroosterd brood met een heleboel boter heeft gegeten.

Bobbi is gek op geroosterd brood met een heleboel boter.
Maar als meneer en mevrouw Bolhuis haar een nachtzoen hebben gegeven,
en het licht uitdoen, wordt het donker in Bobbi's kamer.

Stikdonker.
En dan heeft Bobbi helemaal geen warm gevoel meer vanbinnen.
Dan wordt ze bang.

Op een avond hadden meneer en mevrouw Bolhuis hun liedje over de zon gezongen.
Ze hadden Bobbi een nachtzoen gegeven en het licht uitgedaan.
En toen wist Bobbi opeens iets heel zeker.
Ze wist zeker dat ze zich veel fijner zou voelen als ze niet alleen hoefde te slapen.
Bobbi ging haar bed uit en kroop bij meneer en mevrouw Bolhuis in bed.
Knus ging ze tussen hen in liggen.
Bobbi werd warm vanbinnen.

Alsof ze net geroosterd brood met
een heleboel boter had gegeten...

Hoofdstuk 2

Meneer Bolhuis en mevrouw Bolhuis en Bobbi lagen samen in bed.
Ze lagen te dromen.
Meneer Bolhuis droomde dat hij in een snelle auto reed.
'*Vroeeeem,*' zei meneer Bolhuis in zijn slaap. '*Vroem, vroeeeem.*'
Mevrouw Bolhuis droomde dat ze boter op Bobbi's geroosterde brood smeerde.

Ze smeerde de boter op het ene sneetje.
En toen op het andere sneetje. En toen op nog een sneetje. 'Neem er nog een, lieverd,' zei mevrouw Bolhuis in haar slaap. 'Eet maar lekker, jammie jammie.'

Bobbi droomde ook van geroosterd brood met boter.
In haar droom lag er op haar blauwe lievelingsbord een dikke stapel geroosterd brood met boter.
En mevrouw Bolhuis maakte nog veel meer!
Het was een heerlijke droom.
Meneer Bolhuis zei: '*Vroem, vroem.*'
Mevrouw Bolhuis zei: 'Neem er nog een, lieverd.'
Bobbi snoof en smakte in haar slaap.

Meneer Bolhuis en mevrouw Bolhuis en Bobbi lagen zo druk te slapen dat ze het bed niet hoorden piepen.

Ze lagen zo druk te dromen dat ze de vloer niet hoorden kraken.

Hoofdstuk 3

BOEM!
Onder het bed van de Bolhuizen zat ineens een gat.

KRAK!
Het bed van de Bolhuizen zakte een beetje in het gat.
Meneer Bolhuis werd wakker.
Mevrouw Bolhuis werd wakker.
Bobbi werd ook wakker.
'Hè? Wat?' zei meneer Bolhuis.
'Knor?' zei Bobbi.

'Een aardbeving!' gilde mevrouw Bolhuis. 'De wereld vergaat!'
'Welnee,' zei meneer Bolhuis. Maar hij klonk niet zo zeker van zijn zaak. Hij klonk bang.

Bobbi was intussen helemaal niet bang.
Bobbi had honger.
'Knor?' zei Bobbi nog een keer.
Ze kroop naar het voeteneinde.

Het bed zakte een beetje dieper in
het gat in de vloer.
'Niet bewegen,' riep meneer Bolhuis.
'Wat je ook doet, niet bewegen!'
Meneer Bolhuis en mevrouw Bolhuis
en Bobbi hielden zich heel stil.
Mevrouw Bolhuis begon te huilen.
'Ik weet precies wat we moeten
doen,' zei meneer Bolhuis.
'We moeten de brandweer bellen.
Dan komt die ons redden.'
'Maar je zei dat we niet mochten
bewegen,' zei mevrouw Bolhuis.
'Hoe moeten we de brandweer bellen
als we niet mogen bewegen?'

Bobbi dacht aan haar fijne droom vol geroosterd brood met boter.
Ze wilde wel eens weten of er in de keuken nog geroosterd brood was.
Terwijl meneer Bolhuis en mevrouw Bolhuis ruzie maakten, sprong Bobbi van het bed.

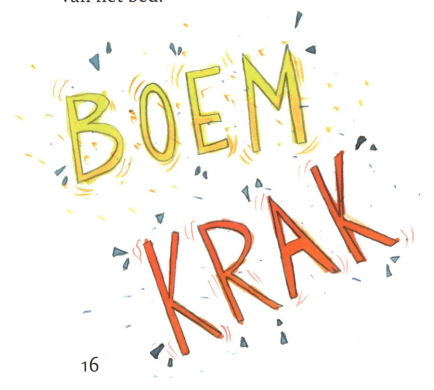

'Kijk!' zei mevrouw Bolhuis. 'Bobbi is ontsnapt.'

'Ze gaat hulp halen,' zei meneer Bolhuis.
'Ze gaat de brandweer erbij roepen.'
Bobbi dribbelde de slaapkamer uit.
Ze had haast.
Ze was op weg naar de keuken.
Ze was op zoek naar geroosterd brood.

Hoofdstuk 4

In de keuken snuffelde Bobbi aan de tafel.
Ze snuffelde aan het aanrecht.
Ze snuffelde aan de vloer.
Maar er was geen geroosterd brood.
Nog geen kruimeltje was er te vinden.
Bobbi's maag knorde van teleurstelling.
BOEM!
KRAK!
'Help!' riep mevrouw Bolhuis.

Bobbi dacht diep na.
Waar kon ze iets te eten krijgen?
En opeens wist ze het.
Kleintje Leeman had altijd koekjes
met suiker.
Kleintje Leeman woonde in het huis
naast Bobbi.
En Kleintje Leeman vond het leuk
om uit te delen.

Bobbi nam de knop van de
keukendeur in haar snuit.
Ze draaide hem om.
'Help!' gilde mevrouw Bolhuis weer.
Suikerkoekjes, dacht Bobbi.
Ze stapte over de drempel.

Hoofdstuk 5

De zussen Leeman wonen naast de familie Bolhuis.
Elsa Leeman is de oudste zus.
Zij vindt altijd overal iets van.
Elsa vindt bijvoorbeeld dat varkens niet in een huis horen te wonen.
Elsa zegt vaak: 'Luister nu eens goed, Kleintje.
Varkens zijn boerderijdieren.
Ze horen op de boerderij.
Ze horen niet in huis.'
'Ja, zus,' zegt Kleintje.

Kleintje Leeman is de jongste zus.
Ze is het kleintje van de familie.
Kleintje is het altijd met Elsa eens.
Dat is makkelijker.
Maar stiekem vindt Kleintje iets heel anders.

Kleintje vindt Bobbi gezellig.
Bobbi keek door het raam van
Kleintjes slaapkamer naar binnen.
Ze zag dat Kleintje lag te slapen.
Bobbi drukte haar snuit tegen de
ruit.
'Knor,' zei Bobbi.
Maar Kleintje hoorde haar niet.
'Snuif,' zei Bobbi.
Maar Kleintje werd niet wakker.
Bobbi tikte met haar hoef tegen het
raam.
Kleintje zat rechtop in bed.
'Wie is daar?' vroeg ze.
Kleintje zag de snuit van Bobbi plat
tegen haar raam.

'Een monster!' gilde Kleintje. 'Een monster voor mijn raam!'
Bobbi schudde haar hoofd.
'Zus!' gilde Kleintje. 'Help, help, een monster!'

Elsa werd wakker.
Ze deed haar gebit niet in.
Ze zette haar bril niet op.
Elsa rende meteen naar de telefoon en belde de brandweer.
'Er is een noodgeval van onbekende aard op Elleboogstraat 52,' zei Elsa Leeman. 'Kom gauw.'

Daarna trok Elsa haar badjas aan en
holde naar de kamer van Kleintje.
Elsa Leeman vond zichzelf een echte
held.

Hoofdstuk 6

'Wat is hier aan de hand?' vroeg
Elsa.
Kleintje wees naar het raam.
'Er staat een monster buiten,' zei ze.
'Dat is geen monster,' zei Elsa. 'Dát
is dat *varken* van hiernaast.'

'Bobbi?' zei Kleintje.

Elsa zwaaide met haar vuist.

'Ik vind dat varkens op de boerderij horen,' zei Elsa.

'Ja, zus,' zei Kleintje.

Elsa tikte met een knokkel op het raam

'Mijn tuin uit!' schreeuwde ze naar Bobbi.

'O zus,' zei Kleintje. 'Niet zo tegen haar gillen. Daar wordt ze verdrietig van.'

'Ze kan helemaal niet verdrietig worden,' schreeuwde Elsa. 'Ze is een varken!'

'O,' zei Kleintje, 'daar vergis je je in, lieve zus.'

'Ik vergis me niet!' schreeuwde Elsa. 'Ik vergis me nooit. Ik weet toch wel hoe een varken eruitziet!'

Elsa keek dreigend naar buiten. Ze drukte haar neus tegen het glas.

Bobbi staarde naar Elsa.

Elsa staarde naar Bobbi.

'Varken!' schreeuwde Elsa.
Ze draaide zich om en rende
Kleintjes kamer uit.
'O hemeltje,' zei Kleintje Leeman.
'O gut.'

Hoofdstuk 7

Elsa rende op Bobbi af.
Bobbi's hart begon sneller te kloppen.
Ze gingen tikkertje doen!
Bobbi was dol op tikkertje.
Ze liet Elsa heel dichtbij komen.
'Knor!' zei Bobbi toen, en ze stoof weg.
'Mijn tuin uit!' schreeuwde Elsa.
'Knor-knor!' zei Bobbi.
Ze rende rondjes.
Ze had het reuze naar haar zin.

'Verboden – voor – varkens!' schreeuwde Elsa.

'O zus,' zei Kleintje. 'Doe toch voorzichtig.'

Er loeide een sirene.

Een brandweerwagen reed de oprit van de zussen Leeman op.

Jaap en Mo stapten uit.

'Zou dat het noodgeval zijn?' vroeg Jaap.

'Zou kunnen,' zei Mo.

Jaap en Mo zuchtten.

'Je weet het maar nooit met dit werk,' zei Mo.

'Klopt,' zei Jaap. 'Je weet het maar nooit.'

Hoofdstuk 8

'Mevrouw,' vroeg Mo aan Kleintje, 'heeft u de brandweer gebeld?'
'O hemel,' zei Kleintje. 'Ik niet. Maar Elsa misschien wel.'
'Wie is Elsa?' vroeg Jaap.
'Mijn zus,' zei Kleintje.
'Die daar?' Mo wees. 'Die achter dat varken aan zit?'
'Ja,' zei Kleintje. 'Dat is mijn zus.'
Kleintje en Jaap en Mo keken naar Elsa, die Bobbi achterna zat door de tuin.

Mo kuchte.
'Wat is precies het noodgeval?' vroeg Jaap.
'Ik dacht dat ik een monster voor mijn raam zag staan,' zei Kleintje.
'Maar het was geen monster. Het was Bobbi.'

'Bobbi?' vroeg Mo.
'Het varken,' zei Kleintje. 'Het varken van hiernaast.'
'Aha,' zei Jaap.
'Elsa is niet zo dol op Bobbi,' zei Kleintje. 'Varkens horen op de boerderij, vindt ze.'

'Daar zit wel iets in,' zei Mo.

Jaap knikte.

'Help!' schreeuwde iemand van ver.

'Help, help! Help ons!'

'Hoorde je dat?' vroeg Jaap.

'Er is iemand in gevaar,' zei Mo.

'Kom mee.'

Hoofdstuk 9

Jaap en Mo renden op het hulpgeroep af.
Bij de meneer en mevrouw Bolhuis gingen ze naar binnen.

'HELP!'

Jaap en Mo keken omhoog. Ze zagen een bed half uit het plafond hangen.

Ze zagen meneer en mevrouw Bolhuis.

Die hielden zich zo stevig mogelijk vast aan het bed.

'We zijn gered!' riep mevrouw Bolhuis.

'Natuurlijk zijn we gered,' zei meneer Bolhuis. 'Bobbi heeft de brandweer erbij gehaald.'

'Ze is geweldig!' zei mevrouw Bolhuis. 'Ze is ongelooflijk!'

'Ze is een *wonderbig*!' zei meneer Bolhuis.

Jaap en Mo renden naar boven. Ze tilden meneer en mevrouw Bolhuis op.
Het bed van de Bolhuizen kraakte nog één keer en zakte door de vloer.

Meneer Bolhuis keek naar het gat
waar het bed had gestaan.
'Ik heb altijd het grootste vertrouwen
gehad in de brandweer,' zei meneer
Bolhuis.

'Anders ik wel,' zei mevrouw Bolhuis.
'Anders ik wel.'
Van buiten kwam gekrijs.
'Hebbes!' schreeuwde Elsa.

Hoofdstuk 10

Jaap en Mo en meneer en mevrouw Bolhuis holden naar buiten.
Elsa zat op de grond.
Ze had haar armen om Bobbi's nek geslagen.
Haar wang lag op Bobbi's rug.
Elsa hijgde heel hard.
'Dit varken,' zei ze, 'liep in onze tuin.'
'We hebben liever niet dat je varken tegen haar zegt,' zei mevrouw Bolhuis.

'We hebben liever dat je haar een *wonderbig* noemt,' zei meneer Bolhuis. 'Zij heeft ons namelijk gered. Ze is een heldin.'
'Ze is een *varken*,' zei Elsa.
Ze begon te huilen.
'Stil maar, zus,' zei Kleintje.
Ze bukte zich om op Elsa's rug te kloppen.

Bobbi gaapte.
Ze was heel erg moe.
'Dat was dan dat,' zei Mo.
'Ja,' zei Jaap. 'Dat varkentje hebben we ook weer gewassen.'
'Wacht,' zei mevrouw Bolhuis. 'Het is bijna tijd voor het ontbijt.'
'Knor?' vroeg Bobbi.
'Ja hoor. Ontbijt,' zei mevrouw Bolhuis.
Ze gaf Bobbi een zoen op haar kop.
Ze keek de brandweermannen aan.
'Lusten jullie geroosterd brood met boter?'

Hoofdstuk 11

Ze zaten met zijn allen rond de keukentafel van meneer en mevrouw Bolhuis.
Elsa Leeman en Kleintje Leeman en meneer Bolhuis en mevrouw Bolhuis en Jaap en Mo.
En Bobbi natuurlijk.
Die zat op de ereplaats, aan het hoofd van de tafel.
Voor haar neus stond haar blauwe lievelingsbord.
Daarop lag een extra dikke stapel

geroosterd brood met boter.
'Laten we proosten op Bobbi,' zei meneer Bolhuis. Hij hield zijn glas sinaasappelsap omhoog.

'Ja, op onze lieveling, onze schat,' zei mevrouw Bolhuis.

'Op Bobbi,' zei Kleintje.

'Op varkens hoor je niet te proosten,' zei Elsa. 'En varkens horen niet aan de keukentafel, vind ik.'

'Op onze heldin,' zei meneer Bolhuis. 'Wat hadden we zonder Bobbi gemoeten?'

'Ja,' zei mevrouw Bolhuis. 'Wie had ons anders moeten redden?'

'Ik zou het niet weten,' zei Mo.

'Ik ook niet,' zei Jaap.

Ze tikten hun glazen tegen elkaar.

Bobbi nam nog een snee geroosterd brood.

Hoofdstuk 12

Buiten kwam de zon op.
Eerst was de zon rood.
En daarna werd ze oranje.
Steeds hoger en hoger klom ze.
Binnen lag Bobbi op de bank.
Ze ging een dutje doen.
Kijk haar eens stralen, die zon van goud,' zongen meneer en mevrouw Bolhuis,
'*Maar meer nog straalt* wonderbig, *onze schattebout.*

Bobbi glimlachte.

Ze deed haar ogen dicht.

Ze sliep al voordat meneer en mevrouw Bolhuis klaar waren met zingen.

Tijgerlezen: gelukkig leren lezen

Het plezier van lezen groeit terwijl je leest of voorgelezen wordt. Uit wetenschappelijk onderzoek blijkt telkens weer dat kinderen het gelukkigst leren lezen als ze willen lezen. Ook Stichting Lezen (Nederland) en Iedereen Leest (Vlaanderen) onderschrijven deze visie.

Vanuit deze gedachte is de serie Tijgerlezen ontwikkeld voor lezers van 5 tot 9 jaar. De boeken in deze serie voldoen aan de belangrijkste criteria van kinderen. Ze zijn spannend of grappig, en hebben altijd veel illustraties in kleur.

Het plezier van lezen begint als je regelmatig voorgelezen wordt. Daarom zijn alle boeken in de serie geschikt om voor te lezen én zelf te lezen. Tijgerlezenboeken zijn niet ingedeeld volgens technische leesniveaus, maar kinderen kiezen zelf het boek waar ze aan toe zijn. De moeilijkheidsgraad van de boeken verschilt:
- Voor de écht beginnende lezer zijn er Tijgerlezen-prentenboeken met één zin per bladzijde, om voor te lezen en samen te lezen.
- Voor als je net kunt lezen zijn er leesboeken met weinig tekst en eenvoudige zinnen, die ook fijn zijn om voor te lezen.
- Voor wie al een beetje geoefend heeft, zijn er échte leesboeken met langere verhalen.

Tijgerlezen is gelukkig (leren) lezen!

Meer informatie op www.tijgerlezen.nl.

Lees ook de andere boeken uit de serie Tijgerlezen

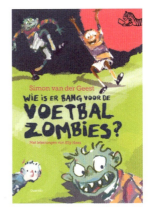

www.katedicamillo.com
www.loesriphagen.nl
www.queridokinderboeken.nl
www.tijgerlezen.nl

ℯ Dit boek is ook beschikbaar als e-book.

Oorspronkelijke titel *Mercy Watson, To the Rescue!*, Candlewick Press, 2005 (met toestemming van Pippin Properties, Inc.)

Copyright tekst © 2005 Kate DiCamillo
Copyright illustraties © 2016 Loes Riphagen
Copyright vertaling © 2016 Esther Ottens
Alle rechten voorbehouden.

Omslag Nanja Toebak
Vormgeving binnenwerk Irma Hornman, Studio Cursief

ISBN 978 90 451 1828 4 / NUR 282